Bibliografische Information der Deutschen Nationalbibliothek:

Die Deutsche Bibliothek verzeichnet diese Publikation in der Deutschen National-bibliografie; detaillierte bibliografische Daten sind im Internet über http://dnb.d-nb.de/ abrufbar.

Impressum:

Copyright © 2016 GRIN Verlag, Open Publishing GmbH
Druck und Bindung: Books on Demand GmbH, Norderstedt Germany
ISBN: 9783668335851

Dieses Buch bei GRIN:

http://www.grin.com/de/e-book/343162/gestaltung-von-unterrichtsdesigns-die-selbststeuerung-ermoeglichen-5-6

Meryem Aydin

Gestaltung von Unterrichtsdesigns, die Selbststeuerung ermöglichen (5./6. Klasse)

Musteraufgabe: Wir lernen eine Lesestrategie kennen

GRIN Verlag

GRIN - Your knowledge has value

Der GRIN Verlag publiziert seit 1998 wissenschaftliche Arbeiten von Studenten, Hochschullehrern und anderen Akademikern als eBook und gedrucktes Buch. Die Verlagswebsite www.grin.com ist die ideale Plattform zur Veröffentlichung von Hausarbeiten, Abschlussarbeiten, wissenschaftlichen Aufsätzen, Dissertationen und Fachbüchern.

Besuchen Sie uns im Internet:

http://www.grin.com/

http://www.facebook.com/grincom

http://www.twitter.com/grin_com

Universität zu Köln

Institut für Deutsche Sprache und Literatur I

Aufbaumodul 4: Deutschdidaktik

Seminar: Selbststeuerung und Binnendifferenzierung im Deutschunterricht

Sommersemester 2016

Gestaltung von Unterrichtsdesigns, die Selbststeuerung ermöglichen - in den Klassen 5/6

Musteraufgabe: Wir lernen eine Lesestrategie kennen

Meryem Aydin

Bachelor: Lehramt Deutsch Gymnasium/Gesamtschule

2. Fachsemester

Inhaltsverzeichnis

1. Einleitung

Inhalt der vorliegenden Arbeit ist die schriftliche Ausarbeitung des Referats, welches am 17.06.2016 in der Seminarsitzung gehalten wurde. Die Präsentation umfasste ein Arbeitsblatt mit Aufgabenbeispielen für den Unterricht in den Klassen 5 und 6 eines Gymnasiums. Die Anforderung an das Referat war in erster Linie Aufgabenmöglichkeiten zusammenzustellen, die bei Schülerinnen und Schülern Selbststeuerung ermöglichen sollen. Hierbei konzentrierten mein Kommilitone[1] und ich uns auf das Thema der Lesekompetenz und auf den vorgegebenen Aufgabenschwerpunkt aus dem Kernlehrplan:

> Die Schülerinnen und Schüler unterscheiden informationsentnehmendes und identifikatorisches Lesen. Sie erfassen Wort- und Satzbedeutungen, satzübergreifende Bedeutungseinheiten und bauen unter Heranziehung eigener Wissensbestände ein zusammenhängendes Textverständnis auf. Sie verfügen über die grundlegenden Arbeitstechniken der Textbearbeitung.[2]

Wir berücksichtigten bei unseren Vorbereitungen das Mehrebenen-Modell des Lesens von Rosebrock und Nix[3], um eine Diskussion im Plenum einzuleiten, welche beabsichtigte, die Effizienz der von uns ausgesuchten Arbeitsaufträge in Hinblick auf die ermöglichte Selbststeuerungs- und Lesekompetenzerweiterung bei den Schülerinnen und Schülern[4] zu verdeutlichen. Der Hauptteil dieser Arbeit besteht in der reflexiven Aufarbeitung und Durchdringung der Ergebnisse und Anregungen aus der Seminarveranstaltung, sodass die angeführte Fragestellung abschließend in Betracht der Verbesserungsvorschläge seitens der Mitstudenten genauer beleuchtet wird. Vorweg wird jedoch die 5-Schritt-Lesemethode und ihre Intention vorgestellt. Darauf folgt die Anführung von wichtigen Aspekten der Diskussion, welche die verschiedenen Ebenen des Lesemodells in den Arbeitsaufträgen sichtbar machen.

Die während der Präsentation ausgeteilten Arbeitsblätter sind im ersten Teil dieser Arbeit aufzufinden. Dazu gehören Vorder- und Rückseite des Arbeitsblattes und die Abbildung des Lesemodells.

---

[1] Das Referat habe ich zusammen mit David Pasieka gehalten.
[2] Ministerium für Schule und Weiterbildung des Landes Nordrhein-Westfalen (2007): Kernlehrplan für den verkürzten Bildungsgang des Gymnasiums – Sekundarstufe I (G8) in Nordrhein-Westfalen, Deutsch, Heft 3409, S.36.
[3] Rosebrock, Cornelia/ Nix, Daniel: Grundlagen der Lesedidaktik und der systematischen schulischen Leseförderung, 3. überarbeitete Auflage, Schneider Hohengehren, Baltmannsweiler 2008.
[4] Im Sinne der besseren Lesbarkeit wird im folgenden Textverlauf die männliche Singularform „Schüler" stellvertretend für alle Schülerinnen und Schüler verwendet.

1

Wir lernen eine Lesestrategie kennen

Aufgabe 1: Fünf – Schritt - Lesemethode

Checkliste		✓
Überprüfen	*Lies zunächst nur die Überschrift und die Zwischenüberschriften. Betrachte dann die Abbildung.*	
Fragen	*Notiere dir Fragen, wovon der Text handeln könnte. Orientiere dich an den W-Fragen.* *Bsp.: Wozu dient der Text?*	
Lesen	*Lies den Text und unterstreiche schwierige Wörter.* *Wie viele Pausen du beim Lesen machst, hängt ganz von dir und der Schwierigkeit und Länge des Textes ab.* *Wie schwierig findest du den Text?* *Markiere deinen Schwierigkeitsgrad in der Skala.* *Notiere die Begriffe, die dir unbekannt sind und schlage sie nach.*	
Zusammenfassen	*Markiere die wichtigsten Schlüsselwörter und gliedere den Text in Sinnabschnitte.* *Konntest du deine notierten Fragen beantworten?* *Notiere die Zeile, in der die Frage beantwortet werden konnte.*	
Wiederholen	*Besprich mit deinem Partner abschnittweise, wovon der jeweilige Abschnitt handelt. (Partner A gibt Abschnitt 1 wieder, Partner B Abschnitt 2, Partner A ...)* *Wie schwierig findest du den Text noch?* *Markiere dies mit einer anderen Farbe in der Skala.*	

Wie schwierig findest du den Text?

----|---------------------------|------------------------------------|----------------------------|------

    sehr leicht   eher leicht   eher schwierig   sehr schwierig

Aufgabe 2

a) Entwerft eine Werbeanzeige/ Broschüre über den CN Tower, die ihr der Klasse präsentieren könnt.
b) Formuliert einen abschließenden Satz, aus dem hervorgeht, ob ihr den Tower besuchen würdet und warum.

Der CN Tower in Toronto

In 58 Sekunden in die Höhe

Schwindelgefühle sind garantiert, wenn die Besuchermassen Tag für Tag auf den „Canadian National Tower" (CN Tower) fahren. Touristen mit Höhenangst ist vom Betreten der Fahrstühle unbedingt abzuraten.

Die Kabinen schießen schnell, innerhalb von 58 Sekunden auf eine Höhe von 335 Meter. Dabei hat der Fahrgast durch die Glaswand einen freien Blick nach draußen.

Der Aufzug befindet sich nämlich an der Außenwand des Turmes.

Wer diese Mutprobe besteht, und auf kanadische Bauleistungen vertraut, wird dafür mit einer unglaublichen Aussicht über Toronto entschädigt.

Großartige Aussicht

Der CN Tower verfügt über einen kugelförmigen Turmkorb ca. 200 Meter unter der Spitze. Dieser Korb ist sieben Stockwerke hoch und beherbergt auf 351 Meter Höhe das größte Drehrestaurant der Welt. Hier können bis zu 400 Gäste versorgt werden. Während des Essens ändert sich ständig die Aussicht, denn die gesamte Etage des Restaurants dreht sich um den Turm. In den Stockwerken unterhalb des Restaurants sind verschiedene Aussichtspunkte untergebracht. Auf 346 Meter Höhe befindet sich ein Café und auf 342 Meter Höhe ein besonders abenteuerlicher Aussichtspunkt, denn hier sind Teile des Bodens aus Glas. Ursprünglich war der gesamte Boden

Foto CN Tower

Quelle:
https://en.wikipedia.org/wiki/CN_Tower

durchsichtig. Doch viele Besucher trauten sich nicht, den Boden zu betreten. Daher ließen die Betreiber des Turms Teppiche auslegen, sodass jetzt nur noch einige Meter Glasboden zu sehen sind, durch die Mutige 342 Meter in die Tiefe blicken können. Doch im CN Tower geht es noch höher hinaus.

Der sogenannte „Sky Pod" ist nur vom Turmkorb aus erreichbar. Diesmal fährt der Fahrstuhl allerdings im Inneren des Gebäudes. Nach weiteren 100 Metern (auf 447 Meter Höhe) hält der Aufzug an. Hier können vier Außenkabinen besucht werden. Auch diese sind aus Glas und erlauben einen freien Rundblick.

Aufgabe des Zementriesen

Die eigentliche Aufgabe des beeindruckenden Bauwerks ist natürlich nicht die Unterhaltung von Touristen. Ursprünglich waren es sehr praktische Gründe, die den Bau notwendig machten. In den 1960er Jahren wurden in Toronto mehr und mehr Hochhäuser gebaut. Die neuen Bauten störten den Empfang von Radio- und Fernsehsignalen erheblich. In der Stadt war ein normaler Empfang nicht mehr möglich. So fiel 1972 der Entschluss, einen Rundfunkturm zu bauen, der die anderen Gebäude bei Weitem überragen würde.

3

3. Das Mehrebenenmodell von Rosenbrock & Nix

Kompetenz-Modell des Lesens (Rosebrock/Nix 2008, S. 16)

4. Reflexion der Ergebnisse und Anregungen

Zu Beginn der Diskussion in der Seminarveranstaltung wurde kurz die Wichtigkeit von Lesekompetenz und die diesbezügliche Notwendigkeit von Lesestrategien thematisiert, weswegen zunächst hierzu auf einige wichtige Aspekte eingegangen wird.

Das Lernen aus Texten ist in fast allen Fächern die Grundlage für die Aneignung, Erweiterung und Vertiefung von Wissen, sodass der Lesekompetenz im Unterricht eine besondere Stellung eingeräumt werden muss. In erster Linie besitzt der Deutschunterricht die Aufgabe, die nötigen Grundlagen zu legen. Hierbei kann sich die Lehrkraft auf die Vermittlung von Lesestrategien konzentrieren, da diese eine große Bedeutung für die Entwicklung von Lesekompetenz besitzen. Außerdem sind Strategien dabei hilfreich, Ziele zu formulieren und diese durch die einzelne Vorgabe von benötigten Strukturen kontrollierter zu erreichen. Somit können sie zu Verfahren der Selbststeuerung werden. Die Frage, wie der Lernprozess beim Lesen vor sich geht, wird in der Schule kaum thematisiert. Dies liegt im Wesentlichen daran, dass Lesestrategien weitgehend automatisiert sind. Für ungeübte Leser ist der Deutschunterricht deswegen eine gute Möglichkeit, das Leseverfahren sichtbar zu machen. Dadurch kann ein besseres Verstehen und Behalten des Gelesenen gewährleistet werden. Ihre Notwendigkeit sollte nicht unterschätzt werden, denn auch ein als leicht eingestufter Text kann für Lernende Hürden beinhalten, deren sich der kompetente Leser – also der Fachlehrer – nicht bewusst ist. Unter diesem Gesichtspunkt dienen Lesestrategien neben der Eigenkontrolle auch als eine geeignete Leistungskontrolle von Schülern.

4.1. Beispiele der strategischen Praxis: Die Fünf-Schritt-Lesemethode

Das strategische Verhalten beginnt bereits vor dem Lesen, wenn sich der Schüler vor der Lektüre Gedanken zum Thema macht. Durch dieses Vorgehen wird intendiert, den Grund zur Lektüre verständlich zu machen, sodass bestenfalls eine Motivationserhöhung beim Schüler beobachtet werden kann. Außerdem beabsichtigt dieser Schritt die Neugierde des Schülers zu wecken, um eine positive Einstellung zum Lesen zu schaffen oder zu stärken. Zum anderen eignet sich diese Anfangsstrategie auch dazu, ein einführendes Unterrichtsgespräch einzuleiten. Dem Schüler wird somit vor der ersten Lektüre ein erster Anhaltspunkt gegeben, mögliche Unklarheiten aus dem Weg zu räumen, den ersten Eindruck von der zu erledigenden Aufgabe zu verfestigen und ein Vorwissen zu schaffen oder ein bereits bestehendes zu aktivieren. Bei der von uns erarbeiteten Fünf-Schritt-Lesemethode betrifft dieser Vorgang die ersten zwei Punkte der Checkliste

(Überprüfen, Fragen). Hierbei bestünde ebenfalls die Möglichkeit den Schüler statt Fragen, einige Ziele auszuformulieren zu lassen, die beispielsweise durch die Lektüre einzelner Sinnabschnitte erfüllt und abgehakt werden könnten. Fragen erschienen uns insofern sinnvoller, da sie durch die erbrachten Antworten eine detailliertere Verständnis- und Leistungskontrolle zum Abschluss ermöglichen.

Die nächsten zwei Schritte der Lesemethode (Lesen, Zusammenfassen) beziehen sich auf die Zeit des Lesevorgangs. Während des Lesens haben die Schüler die Möglichkeit sich intensiv mit dem Text zu beschäftigen. Die Arbeitsaufträge wurden hier bewusst offen gestellt, sodass im Sinne der Binnendifferenzierung Platz für eine individuelle Arbeitsweise geschaffen wird. Der Schüler hat die Gelegenheit Lernpausen einzulegen und die benötigte Arbeitszeit selbst zu bestimmen.

Außerdem wird auf unbekannte Wörter aufmerksam gemacht, die absichtlich als „schwierig" bezeichnet sind, um das Empfinden einer Schwierigkeit seitens des Schülers als natürlich und selbstverständlich betrachten zu lassen. Der Akt des Lesens ist ein Arbeitsvorgang, der Anstrengung und Leistungsbereitschaft erfordert. Der Schüler wird durch die Arbeitsaufträge auf diesem Erkenntnisweg begleitet.

Zudem wird hier zur Selbsteinschätzung auf eine Schwierigkeitsskala hingewiesen. Die Idee hinter der Skala ist, neben der Gelegenheit zum Eigenurteil, vor allem ein Hinweis zum Erkenntnisschritt, dass das Schwierigkeitsempfinden gegenüber fremden Texten überwunden werden kann, wenn man sich ausreichend mit diesen beschäftigt. Daher umfasst der letzte Arbeitsauftrag die Aufgabe, das Schwierigkeitsempfinden nach dem Beenden der Bearbeitung der Checkliste mit einer anderen Farbe auf der Skala erneut zu markieren. Außerdem besitzt die Skala offene Enden, sodass ihre Grenzen nicht bestimmt werden können. Der Schüler erhält somit die Möglichkeit über diese hinaus zu entscheiden und das eigene Empfinden selbst zu steuern.

Nach der ersten Lektüre muss der Schüler den Text überfliegen oder erneut lesen. Der Punkt „Zusammenfassen" erfordert von ihm wichtige Wörter zu markieren, den Text in Sinnabschnitte einzuteilen und die vorher notierten Fragen zu beantworten. Je nachdem wie intensiv der Text beim ersten Lesevorgang bearbeitet wurde, kann die Zeit hier bei der Bearbeitung der Aufgaben aufgespart oder benötigt werden.

Zum erfolgreichen Abschließen einer Lesestrategie gehört ein zusammenfassendes Ergebnis, das bei den meisten Lesestrategien in schriftlicher Form vollzogen wird. Wir haben die Zusammenfassung der Ergebnisse auf eine Partnerarbeit ausmünden lassen, sodass die 5-Schritt-Lesemethode mit einer mündlichen Aufgabe beginnt und abgeschlossen wird. Der Lesevorgang soll dadurch als alleiniger, strukturierter, mentaler

Prozess wahrgenommen werden und keinen weitere Anforderungen – wie das Schreiben – erwarten. Die Schriftlichkeit der ersten Aufgabe besteht darin, die Fragen auszuformulieren und zu beantworten. Durch das Abhaken der Checkliste und das Markieren und Gliedern werden dennoch nötige Anhaltspunkte gegeben, damit sich der ungeübte Schüler beim Lesevorgang nicht verirrt.

4.2. Die Lesekompetenz nach Rosenbrock und Nix

Das Mehrebenen-Modell von Rosebrock und Nix ist zur Gestaltung von Leselernprozessen im Unterricht gut geeignet. Es benennt die verschiedenen Dimensionen des Lesens und macht diese für die Lehrkraft nachvollziehbar. An der beigefügten Abbildung[5] ist gut erkenntlich, dass der Leseprozess – in die Prozessebene, Subjektebene und soziale Ebene – dreigeteilt ist. Das Modell beschreibt zeitlich parallel ablaufende Dimensionen, die während des Leseprozesses stattfinden und – bis auf die insgesamt fünf Unterpunkte der Prozessebene – hierarchiegleich sind. Diese sind nämlich nach Schwierigkeitsstufe angeordnet und bauen aufeinander auf: Wort- und Satzidentifikation, lokale Kohärenz, globale Kohärenz, Superstrukturen erkennen und Darstellungsstrategien identifizieren.

Die Prozessleistungen umfassen die geistigen Tätigkeiten, die im Akt des Lesens ausgeführt werden müssen. Es handelt sich hierbei um mentale Akte, die während des Leseprozesses erbracht werden müssen, um zum Textverstehen zu gelangen. Mit den Prozessleistungen sind mit anderen Worten die kognitiven Anforderungen des Leseaktes gemeint. Leser müssen demnach als erstes *Wörter und Sätze identifizieren*. Ob Schülerinnen und Schüler diese Anforderung erbringen, kann die Lehrkraft leicht ermitteln, indem sie beispielsweise nach einem Wort oder nach der Bedeutung eines einfachen Satzes fragt. Die *lokale Kohärenz* sieht die Herstellung kleinräumiger Zusammenhänge zwischen Wortgruppen und einzelnen Sätzen vor. Die Frage nach einer einzelnen gegebenen Information, die aus mehr als einem kurzen Satz besteht, reicht zur Überprüfung aus. Die *globale Kohärenz* benennt die Fähigkeit des Schülers, den Inhalt eines Textes zu konstruieren. Dafür bedarf es neben dem Zusammenschluss von Einzelinformationen auch zu Schlussfolgerungen aus diesen Verbindungen.

In den Geisteswissenschaften kann man die *Superstrukturen* als die formale Gestaltung des Textes deuten, welche neben Textformen auch kleinräumigere Gestaltungsmittel, wie z.B. Symbole, umfassen. Ob der Leser die Fähigkeit besitzt *Darstellungsstrategien*

---

[5] Siehe Seite 4.

zu identifizieren, kann beispielsweise durch die Frage nach der Intention eines Textes ermittelt werden.

Die Frage, inwiefern die Prozessebene in den Arbeitsaufträgen aufzufinden ist, wurde von den Seminarteilnehmern einstimmig beantwortet. Der Vorgang der *globalen Kohärenz* kann durch die Bearbeitung des Abschnitts „Zusammenfassen" aus der Checkliste gelernt und überprüft werden, sodass die *Wort- und Satzidentifikation* und *die lokale Kohärenz* vorausgesetzt werden und beim Leser bereits erfüllt sein müssen. Die letzten beiden Schritte der Prozessebene[6], die eine erweiterte Beschäftigung mit dem Text erfordern, was über den einfachen Textverständnis hinausgeht, werden bei den Arbeitsaufträgen nicht berücksichtigt. Sie werden in höheren Schulklassen beansprucht.

Die Subjektebene befasst sich im Wesentlichen mit der inneren Beteiligung des Lesenden. Zum Textverständnis benötigt der kompetente Leser ein personales Engagement, also eine Selbstbeteiligung. Denn ohne eine Lesemotivation fehlt der Antrieb für all die verschiedenen und komplex ineinander verstrickten geistigen Akte aus der Prozessebene, die für das Textverstehen notwendig sind. Auch wenn die alleinige Motivation daraus besteht, die angeforderte Schulaufgabe zu erfüllen, muss sie zur Bewältigung der Aufgabe vorhanden sein. Die Checkliste versucht den Schüler durch die ersten Schritte (Überprüfen, Fragen) motivierend an das Thema heranzuführen und durch das einleitende Unterrichtsgespräch zu inspirieren und zu ermutigen.

Außerdem sind in dieser Ebene die reflexive Auseinandersetzung mit dem Gelesenen und das Können, das Gelesene in das eigene Wissen einzugliedern von Relevanz. Das Gelesene muss also während des Lesens in vorhandene mentale Ordnungen eingefügt werden, so dass es vernetzt werden kann. Diese Leistungsanforderung kann durch das Partnergespräch überprüft und eingeübt werden. Die Ausformulierungen der Fragen vor dem Lesen erlauben neben dem Unterrichtsgespräch die Aktivierung des Vorwissens, welches eine Grundlage für die Vernetzung von Informationen schafft.

Die dritte, soziale Ebene wird vor allem mit dem Begriff der Anschlusskommunikation definiert und bedarf keiner ausführlichen Erläuterung. Das Partnergespräch ist auch hier eine gute Anlaufstelle. Zudem dient der zweite Arbeitsauftrag dazu, durch die Ausformulierung einer Empfehlung, eine eigene Meinung zu bilden und somit ein Gesprächsthema zu finden, das sich idealerweise in der Familie, in der Schule oder im kulturellen Leben einbringen lässt.

---

[6] Diese sind Superstrukturen erkennen und Darstellungsstrategien identifizieren.

4.3. Das Ermöglichen von Selbststeuerung und Binnendifferenzierung

Bevor auf einige Verbesserungsvorschläge seitens der Mitstudierenden eingegangen wird, möchten hier zunächst die Merkmale eines selbstgesteuerten Lernens angeführt werden, welche in den Aufgabenstellungen aufzufinden sind.

Zunächst ist erwähnenswert, dass der Selbststeuerung in den Arbeitsblättern nicht viel Platz eingeräumt werden konnte. Das liegt daran, dass die Arbeitsaufträge für die erste Unterrichtsstunde gedacht sind, in der eine Lesestrategie als Methode kennengelernt wird. Wir haben uns im Seminar darauf geeinigt, dass in solchen Fällen die ausführlichste Version eines Themas mit den meisten Strukturvorgaben und dem wenigsten Selbststeuerungsanteil vorgegeben wird. Die Lernenden arbeiten somit nicht autodidaktisch, sondern erwerben eine begleitete Methodenkompetenz. Erst nach und nach sollen die nicht mehr benötigten Strukturen weniger werden, sodass der Schüler Schritt für Schritt einem selbständigen und sicheren Arbeiten herangeführt wird.

Der Selbststeuerungsanteil in den Aufgabenstellungen besteht für den Schüler dementsprechend darin, die Wege zum Lernziel selbst zu organisieren. Die zeitliche Einteilung, die eigene Auswahl von Fragen, die verschiedenen Möglichkeiten der Begriffsklärung[7], Wahlmöglichkeiten von Arbeitsaufträgen sind einige Beispiele hierfür.

Es wurde vorgeschlagen, für den Abschnitt „Fragen" der Checkliste, Gruppentische für ein Placement bereitzustellen, welches die Möglichkeit offenlässt, eine kommunikative Validierung zu gewährleisten. Die hier zu stellenden Fragen an den Text werden somit für alle Schüler sichtbar gemacht. Dies ist zum einen als Hilfestellung für schwächere Schüler geeignet, zum anderen dient diese Methode dazu, Anschluss zu bieten und Motivation zu schaffen. Angemerkt wurde außerdem, dass der Text „Der CN Tower in Toronto" nicht geschlechtsneutral ausgesucht ist, sodass von desinteressierten Schülern – vor allem Mädchen – ein zusätzlich erschwerter Textzugang zu erwarten ist. Eine Auswahlmöglichkeit verschiedener Texte ist im Sinne der Binnendifferenzierung ein geeigneter Lösungsweg für diesen Kritikpunkt.

Der zweite Arbeitsauftrag stand zu großen Teilen in Kritik. Sie sei von den meisten Schülern aufgrund des zu hohen Anspruchs zeitlich nicht erfüllbar. Der Vorschlag, diese als Zusatzaufgabe für Schnelle oder als Hausaufgabe anzubieten, erwies sich hierbei als positiv. Dadurch bekäme der Schüler die Gelegenheit, das Gelernte zu Hause nochmal zu intensivieren.

---

[7] Vorgeschlagen wurde eine Auswahlmöglichkeit von verschiedenen Methoden zur Begriffsklärung, zum Beispiel durch ein vorgestrecktes Lexikon oder durch die selbstständige Definition mithilfe des Textzusammenhangs.

5. Literaturverzeichnis

Deutschbuch 6. Schuljahr, Schülerbuch Gymasium Hessen: Bernd Schurf, Andrea Wagener und Cordula Grunow (Hgg.), Cornelsen Verlag 2012.

Grzesik, Jürgen: Textverstehen lehren und lernen, Klett Verlag, Stuttgart 1990 (Fünf-Schritt-Verfahren von 1984).

Mattes, Wolfgang: Methoden für den Unterricht. Kompakte Übersichten für Lehrende und Lernende, Schöningh Verlag im Westermann Schulbuch, Braunschweig [u.a.] 2011.

Ministerium für Schule und Weiterbildung des Landes Nordrhein-Westfalen (2007): Kernlehrplan für den verkürzten Bildungsgang des Gymnasiums – Sekundarstufe I (G8) in Nordrhein-Westfalen, Deutsch, Heft 3409.

Rosebrock, Cornelia/ Nix, Daniel: Grundlagen der Lesedidaktik und der systematischen schulischen Leseförderung, 3. überarbeitete Auflage, Schneider Hohengehren, Baltmannsweiler 2008, S.16.

Onlinequellen:
Artelt, Cordula/ Dörfler, Tobias: Förderung von Lesekompetenz als Aufgabe aller Fächer. Forschungsergebnisse und Anregungen für die Praxis (2008) [online: http://www.leseforum.bayern.de/download.asp?DownloadFileID=d6a2652fedcc6694323988fc4380417c].

Steffens, Rudolf: Fachtexte lesen und verstehen (2004) [online: www.learn-line.nrw.de/angebote/ fids/].

Schmitt, Anja: Lesekompetenzentwicklung. Eine Aufgabe für alle Fächer, 1. Fachdidaktisches Kolloquium 2011 [online:http://www.uni-saarland.de/fileadmin/user_upload/Einrichtungen/zfl/PDF_Fachdidaktik/Vortrag__Lesekompetenzentwicklung.pdf].